Couverture inférieure manquante

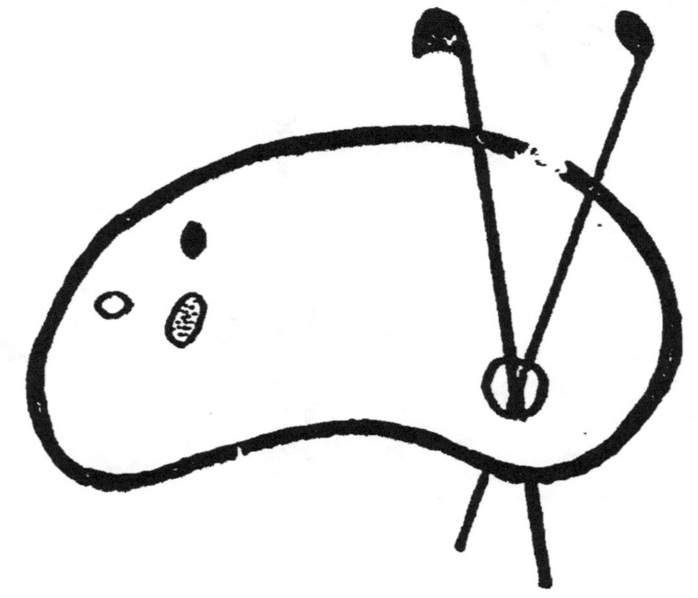

DEBUT D'UNE SERIE DE DOCUMENTS
EN COULEUR

ACADÉMIE DES SCIENCES, BELLES-LETTRES ET ARTS

DE ROUEN

LETTRES DE BRETAGNE

Par S. FRÈRE

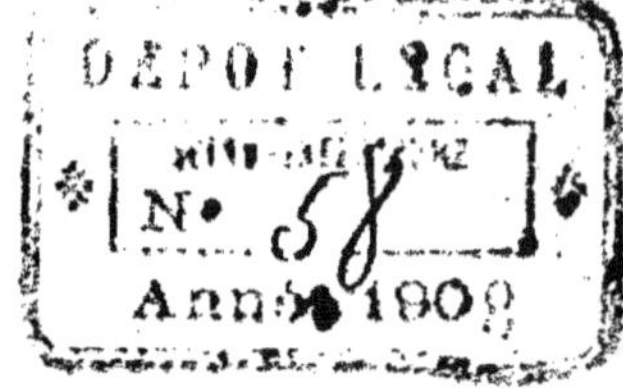

ROUEN

Imprimerie CAGNIARD (Léon GY, successeur)
Rue Jeanne-d'Arc, 88

—

1908

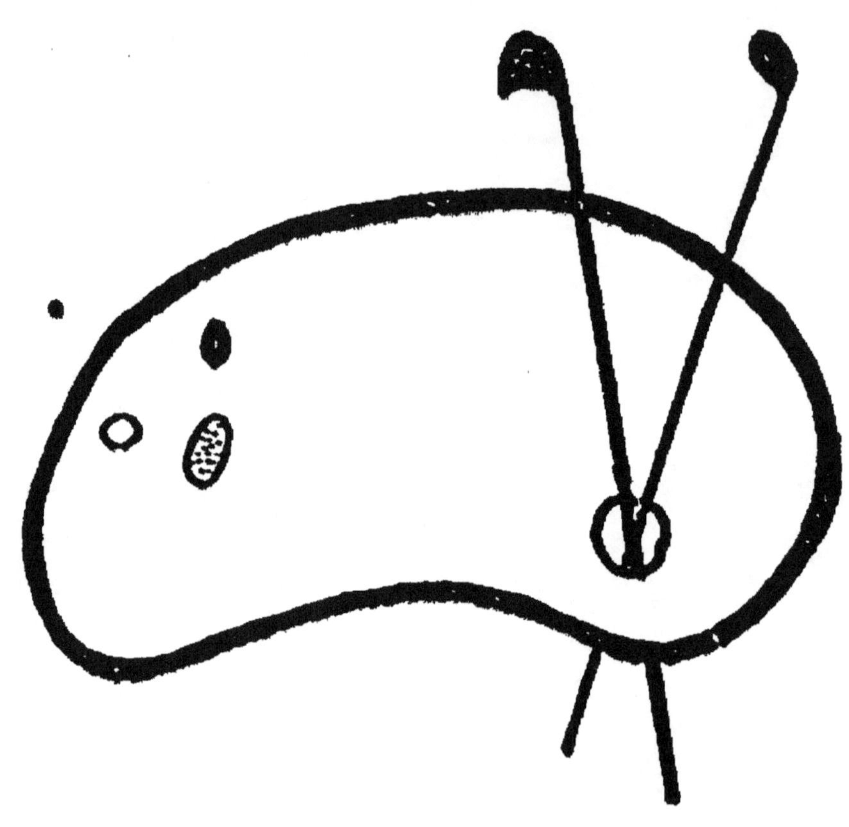

FIN D'UNE SERIE DE DOCUMENTS
EN COULEUR

ACADÉMIE DES SCIENCES, BELLES-LETTRES ET ARTS

DE ROUEN

LETTRES DE BRETAGNE

Par S. FRÈRE

ROUEN

IMPRIMERIE CAGNIARD (Léon GY, Successeur)

Rue Jeanne-Darc, 88

—

1908

LETTRES DE BRETAGNE

—

Morlaix, 29 août.

Eh bien oui, mon vieil ami, m'y revoilà depuis ce matin dans ma Bretagne, ma chère Bretagne que tu diffames sans la connaître. Oh ! je t'entends d'ici, va ! je les devine les accents railleurs de ta lyre frottée de vinaigre : « Ce toqué de Pierre, ce maniaque, encore une crise d'armoricolyrisme, à soixante ans, et grand-père ! prévenons au moins la famille ! »

Elle est prévenue, mon Jacques, je l'ai quittée avant-hier entre deux intervalles lucides. C'est même Germaine, ta préférée, qui a bouclé ma valise.

J'avais peut-être bien juré devant toi de rester à Rouen pendant les vacances, peu importe; serment d'ivrogne, serment de voyageur, c'est kif-kif, comme dit François, sans compter les démangeaisons dont je fus pris aux jambes et aux yeux à partir du 15 août. Ça tournait à l'urticaire.

Tu ne sais donc pas, mon pauvre bonhomme, qu'à l'automne, le soleil, déjà plus bas sur l'horizon, fait voir les choses sous un angle idéal, les ombres s'allongent, elles exhaltent la lumière, « majoresque cadunt altis de montibus umbræ ». Les nuées se drapent de robes

4

plus amples, les pentes se décorent d'herbes rousses, la sécheresse de l'été a tendu comme une peau de lion sur l'épiderme des coteaux arides. A cette heure blonde de l'année, il court dans l'air un je ne sais quoi de troublant fait d'harmonies subtiles et apaisées, qui semblent l'écho d'orgues lointaines, jouant sur des grèves d'or. Rien que parce qu'il est loin, on l'aime déjà ce mystère pressenti, on veut l'atteindre, on part ; et c'est déjà beaucoup de partir, puisque c'est le contraire de rester.

L'homme est ainsi fait mon ami ; né pour escompter dans la vie surnaturelle les destinées de l'au-delà, il apporte dans sa vie d'artiste les mêmes procédés de raisonnement, les mêmes instincts de sensibilité. Il a beau avoir sous la main le Pré-aux-Loups, la côte Sainte-Catherine et la flèche de la Cathédrale, il aimera toujours mieux ce qui est derrière que ce qui est devant, et il marche en Juif-Errant de la passion à la poursuite du rêve entrevu qui n'est plus le rêve, hélas ! dès l'instant où on peut le toucher. Une porte ouverte ne lui dit rien, une porte entrebaillée l'hypnotise ; tu as connu des peintres nés dans de merveilleux pays : chez eux ils restaient inertes ; rien à faire, disaient-ils, las de trop connaître, de trop revoir les mêmes sentiers. Plus d'émotion, partant aucun désir d'exprimer. On les menait à vingt lieues, dans un coin dix fois moins riche en motifs à peindre, vite ils se ressaisissaient et atteignaient leurs brosses.

Montaigne, le saint préféré de ton calendrier littéraire, avait avant nous mis le doigt sur la plaie dans son chapitre d'*Un mot de César* : « Quoi que ce soit qui tombe en notre connaissance et jouissance, nous sentons qu'il ne nous satisfait pas, et allons béant vers les choses advenir et inconnues, d'austant que les présentes ne nous saoulent point. »

A ce compte là, saturé de Bretagne comme je suis, je devrais subir la loi de la satiété, conséquemment n'y plus aller, pour rester d'accord avec mon paradoxe ? Enfantine objection, digne d'un intellect borné : vivant dix mois sur douze en dehors de son giron, n'ai-je pas le temps de l'oublier. Tous les ans je spécule sur la même illusion : je la révois nouvelle, l'ayant désertée.

Et je te soumets là, par parenthèse, une autre proposition dont le développement t'horripilera non moins que la première.

L'absence est une nécessité dans le commerce des cœurs. Quand on veut aimer bien, il faut savoir se séparer de ce qu'on aime. Aimer de trop près et trop longtemps de suite conduit à discerner les imperfections de l'idole. Reculez-vous, vous vous en rappellerez seulement les charmes en synthétisant l'image absente au lieu de l'analyser. Ainsi toi, mon vieux Jacques, si je vivais à tes côtés du 1er janvier au 31 décembre, je finirais par te trouver phraseur, autoritaire, assommant, coléreux, girouette, et j'en serais désolé, car j'ai pour ta personne une affection profonde. En te rencontrant, au contraire, cinq ou six fois par an, je peux continuer à te prendre pour éloquent, homme de caractère, éminemment éclairé, bien que pétri de préjugés artistiques ; ça me permet de ne jurer que par toi et tes vertus.

Mon arrivée à Morlaix m'éclaire, tu le vois, les idées ! Attribues aussi cette acuité de vision à ma nuit passée en wagon-couchette, en compagnie d'un Anglais menaçant mon chef de l'écrasement de ses grands pieds. Faire ainsi trois cents kilomètres, avec des bottes de Damoclès comme ciel de lit, pour un homme de mon âge, selon ton expression favorite, c'est piteux. J'ai été bien dédommagé, il est vrai, à la gare, en assistant aux effusions d'un monsieur puissant, parlant haut, dont quelques loqueteux se disputaient les poignées de main. Je contemplais, paraît-il, le député de l'endroit. Il était beau, mais à sa place, et dans mon intérêt, j'aurais gardé mes gants. Je te recommande l'hôtel où je suis descendu. On y boit un cidre exquis, et l'on vous régale de neuf plats pour deux francs cinquante. Tu te passeras du récit de mes promenades dans la ville, de la description des vieilles maisons, dans les vieilles rues. Bien entendu, j'ai été rendre mes devoirs au logis de la duchesse Anne, et à l'escalier du n° 14 de la Grande-Rue.

A un autre, je dirais : Relis *La Bretagne* de M. Geffroy, article MORLAIX, ou les ouvrages de M. de Wismes, ou même le Jouanne ou le Bedeker. Rassure-toi, je connais ta bibliothèque et ton hostilité systématique aux choses du Finistère, tu ne reliras donc rien du tout, odieux Philistin, qui n'a jamais cru à la grappe de Chanaan : tu resteras ignorant toute ta vie sur cet intéressant sujet, comme sur beaucoup d'autres. Ça n'empêchera pas la terre de rouler dans l'espace et la maison de la duchesse Anne d'être occupée aujourd'hui, non plus par la femme de Louis XII, comme en 1505, mais par un brocanteur chez qui j'ai laissé mes sous. « Hodie, mihi, cras, tibi ! » Le merveilleux escalier fin et nerveux évolue toujours autour de son pilier ouvragé, supportant un combat de saint Michel et du démon : par parenthèse, la figure de ce mauvais diable m'a fait, malgré moi, penser à la tienne ; il y a comme cela des ressemblances qui frappent sans déconcerter.

Voilà, mon Jacques, le bilan de ma première journée. Pas grand'chose, tu le vois ; j'attends François demain, nous déciderons ensemble où nous irons planter le chevalet, puisque nous venons ici pour travailler sérieusement. Ce soir, m'ennuyant seul à l'heure où les sabots des Morlaisiennes cessent de chanter leur éternelle antienne de clic et de clac sur les pavés des ruelles, je me réfugie dans ce café où je t'écris, et où l'affiche promet un concert.

Un gros homme chauve, mal rasé, suivi d'une dame en robe crottée, viennent d'entrer. Ils s'approchent du piano d'un pas sacerdotal. Ce sont les étoiles de ce lugubre firmament musical. Tout le monde cause. La dame prélude et agite une sonnette, nul ne se tait. L'homme commence quand même :

> Coupe de mes aïeux qui tant de fois fut pleine,
> Pourquoi trembles-tu dans ma main.

Les yeux au plafond, ce Faust graisseux, gêné par son faux-col, exhale de son robuste thorax un mince filet de voix, et toujours autour de lui le cliquetis des ver ..s, le tintinnabulum des cuillères sur les soucoupes, le bourdonnement des causeries.....

La dame ressonne en vain.

Alors Faust s'arrête, un peu pâle, et d'un accent autrement vrai, autrement nature que celui de la romance : « Je vous supplie, messieurs, vous m'empêchez de gagner ma vie..... » Sa vie, mon Jacques, son souper, peut-être. Ah ! pauvres gueux, quelle pitié ! J'ouvre ma bourse et, silencieusement, je les aide du regard à vider ensemble la coupe des aïeux, au fond de laquelle se devine tant de fiel : si elle tremble ce soir, ce ne sera toujours pas de faim !

Primel-en-Plougasnou, 2 septembre.

Comme je le supposais dans ma dernière, François m'a rejoint. Mardi matin, dès l'aube, cet excellent ami tambourinait à la porte de ma chambre.

« — Eh bien, restons-nous, préférons-nous Loquenolé ou l'anse de Dourdu, descendons-nous la rivière ? — Ni l'un ni l'autre, dit François, gagnons la côte et la mer par le plus court. Il y a ici trop de vase et de chiens enragés. Tu ne sais donc pas ? On a abattu trois bouledogues, hier, près de l'Hôtel-de-Ville. — Mais ce fameux moulin du Dourdu, que les cartes postales dépeignent si engageant ? — Inutile ! pendant la semaine le lieu est plein de papiers, et le dimanche, noir de monde..... Un rendez-vous de débardeurs et de cigarières ! — Alors quoi ? — J'ai retenu deux places dans la guimbarde du courrier de Plougasnou, boucle ton sac, avale ton chocolat, et pressons-nous : les toiles et les boîtes sont déjà arrimées sur le siège du cocher. »

Et voilà comment, sur le coup de huit heures, nous roulions fort cahotés vers la côte d'émeraude : ces rivages, tu ne les connais pas, et, par entêtement, tu ne les connaîtras jamais. Il faut donc t'en donner une idée nette, rien que pour taquiner ta bile.

La rivière de Morlaix coule du Sud au Nord : elle va se jeter dans la Manche par un large entonnoir, en s'évasant et en s'envasant à souhait, surtout aux marées basses ; sur les côtes boisées de ses rives, les abbayes, les parcs somptueux la regardent s'emplir et se vider. En arrivant à la mer, l'estuaire forme une vaste baie pleine de récifs et d'anses découpées, au centre de laquelle s'accroupit, comme une vedette endormie, ce château du Taureau, tant de fois pris, tant de fois repris par les Bretons et les Anglais, au temps où l'entente cordiale n'était pas de mode.

Au-delà du Taureau, voici l'île Callot, Carentec, les clochers de l'église Saint-Paul-de-Léon, la pointe de Roscoff et l'île de Batz, à gauche ; à droite, Plougasnou et la pointe de Primel. Nous gîtons là.

Le courrier nous fit traverser Plougasnou sur la hauteur, puis, par une grande route dévalant à la mer, nous descendîmes dans Primel-Tregastel, que tu voudras bien ne pas confondre avec l'admirable Tregastel-Ploumanach, le Tregastel-les-Grèves des Côtes-du-Nord. Au dernier tournant du chemin, taillé dans les rocs et les ajoncs, on découvre à ses pieds la carte de géographie du pays : Primel à l'Est, Diben à l'Ouest, entre les deux, la petite rade où s'abrite les bateaux de pêche.

A vrai dire, Primel existe à peine à l'état de village : trois hôtels, dix villas, quelques maisons éparses, deux ou trois fermes, forment, au milieu de beaucoup de rochers et de petits héritages assez bien cultivés, un aggloméré peu géométrique, au cœur duquel la mer creuse des criques. Diben a plus de corps ; vu de loin, on dirait un jeu de dominos renversé au hasard sur la pente jaune de la colline ; les maisons, badigeonnées à la chaux, cachent leur membrure de granit sous un revêtement blanc ; des murs bas, dont le ciment dessine les pierres, séparent les jardins et les cours, sans préoccupation d'alignement ou de symétrie ; tout a poussé au hasard, blocs de granit, chaumières, sentiers, minuscules jetées s'enfonçant dans le varech, et par dessus ce gentil fouillis très propret, très gai, un peu joujou, les cheminées fument gris dans le bleu au sommet de chaque pignon.

Par vingt-cinq degrés centigrades nous nous présentons à l'hôtel Jean-Pierre, où l'on nous accueille à bras ouverts ; une chambrette sous les toits m'est dévolue ; quant à François, on l'envoie à l'annexe : cette succursale est tout simplement une ferme inoccupée, assise sur le roc, entre deux ruelles, où coule à son aise un purin nauséabond ; les lits sont antidiluviens et les cuvettes lilliputiennes, l'eau est absente, les serviettes inconnues, enfin les chambres sont séparées par des cloisons si peu étanches que, de la chaise unique de François, on reluque la toilette de la voisine, pour l'heure absente. Heureusement, le local est titulaire d'une magnifique cuisine dallée, avec lits bretons, où l'on ne couche pas, chaudrons de cuivre où l'on ne cuit plus, vieux bancs de chêne, lustrés par les culottes des manants disparus ; nous transformons cette pièce en atelier, et pour commencer nous y déballons nos ustensiles de peintres. Si la pluie nous claquemure, nous aurons toujours là une retraite à notre goût pour faire poser des Bretonnes.

Primel, 6 septembre.

Ne nous écris plus, mon Jacques, à l'hôtel Jean-Pierre. Nous l'avons fui avant-hier, tant nous y étions bien. Pendant deux nuits, la porte de ma chambre, secouée par les courants d'air, m'avait mis moi-même hors des gonds. François, de son côté, s'imprégnait de telles émanations fermières qu'il fuyait son ombre. Le malheureux en était réduit à se laver avec un flacon d'eau de Cologne acheté à Plougasnou, les puits étant à sec ; nous avons donc déménagé, et nous voici hôtel du Beau-Rivage, ainsi nommé parce que des trois auberges, c'est justement la seule d'où la mer soit invisible. Cette fois, nous sommes installés comme des princes : deux chambres voisines, blanches, propres, des lits parfaits, et de la place pour nous remuer. Ces détails de ménage n'ont aucun intérêt, mais je te sais pas mal tâtillon de nature ; ça te distraira dans ton repaire.

Aussi bien, on s'est mis à la besogne dès le premier

12

jour, et l'outremer marche grand train, le baromètre
étant au bleu fixe du matin au soir.

Étant donné tes connaissances approfondies en esthétique, tu t'imagines probablement que nous opérons
en gamins échappés de l'école des Beaux-Arts. Dé-
trompe-toi, nous ratiocinons fortement, François et
moi, et avant de passer aux contingences, nous nous
sommes pris de bec en abordant les abstractions.

La première question posée par notre duo de paysa-
gistes fut celle-ci. Ouvre tes oreilles :

Valait-il mieux employer ces trente jours de vacances à brosser pas mal de petites études dont on sau-
rait tirer parti en revenant, et amasser ainsi une
ample documentation pour l'hiver, ou convenait-il de
choisir un sujet supérieur, de l'exécuter sur une grande
toile et de parachever exclusivement sur place ce seul
chef-d'œuvre.

Les deux systèmes ont du bon et du mauvais.

On revient au paysage composé : témoins Cottet,
Dauchez, et Menard qui n'est pas le premier venu, seulement Menard ne procède pas comme le Lorrain, il ne
se contente pas de regarder et de peindre de souvenir.
Il rapporte du plein air des études nourries dont il dégage ensuite les éléments sur une de ses toiles baignées
de poésie et admirées à la Nationale. J'aime assez cette
manière.

D'autres sont incapables d'agir ainsi.

La poésie? Mais la peinture, disent-ils, est la représentation des objets dans leurs formes naturelles et
exactes. Documentez-vous si vous voulez, vous ne fe-

rez jamais à l'atelier qu'une toile de chic, sans saveur. La recette est connue. Prenez une once de cette pochade, un gramme de cette esquisse, un arbre à droite, une roche à gauche, mêlez et servez chaud. Votre omelette a de l'œil, elle est indigeste. Quatre-vingt-dix fois sur cent vous serez arrêté par un détail et vous consulterez une photographie rapportée par un ami obligeant.

Ces naturistes quand même posent leur chevalet devant le motif, ils y commencent, ils y continuent, ils y terminent leur œuvre ; à la rigueur ils se passeraient d'atelier. Mais l'unique préoccupation de faire ce qui est, sans y ajouter quoi que ce soit venant du peintre et de son émotion, conduit l'école à choisir de préférence des motifs nuls, à dédaigner la beauté propre du site. A ses yeux, la composition ne compte pas, la mise en toile n'est rien. Par principe encore, ils fuient un bel arrangement de lignes, une pondération symétrique des plans, la noblesse dans la perspective ; par défi, ils s'arrêtent devant une cheminée de bateau à vapeur et se pâment devant un caisson d'automobile stoppant près d'un café ; ne leur parlez pas de la signification intellectuelle ou passionnelle d'un sujet : on doit s'en défier comme un écrivain doit se garer du style, car on enseigne aujourd'hui que le soin du style nuit au lien des idées, bride l'auteur et le lecteur ; et alors ces adeptes à rebours de l'art pour l'art s'emparent mal à propos de l'exemple d'un Ruysdael ou d'un Karl Dujardin ; selon eux, le Buisson de Ruysdael est une merveille parce qu'il n'y a pas de sujet, parce que le prix du 'ableau réside seulement dans la manière de le traiter.

Aveugles, trois fois aveugles ! Oui, le Buisson de Ruysdael est fait de rien, mais s'il est un admirable morceau, c'est parce que Ruysdael s'y est mis tout entier, parce qu'il a fait passer sur la toile la mélancolie de sa pensée, parce qu'il a ajouté à la nature brutale l'émanation spéculative de son individualité, son âme, en un mot, c'est-à-dire tout ce qui n'est pas le motif copié ; ici, les matérialités exactes ont été pour le peintre le thême sur lequel il a fait chanter son génie, et ainsi se trouve vérifié l'aphorisme développé par M. Georges Berger, dans ses leçons professées à l'école des Beaux-Arts en 1877 : « Le génie du peintre consiste à pourvoir son tableau de jouissances plus intellectuelles que les spectacles de la nature. »

Cette prétention de ne reproduire que ce qu'on voit ne serait-elle pas un pur mensonge? Il est impossible, en fait, d'exécuter sur le tableau la reproduction intégrale de la nature. Traduire, oui, copier, non. Si riches que soient vos gammes de roses, de rouges, de laques, de jaunes et de bleu, avez-vous l'espoir d'atteindre l'éclat d'un soleil couchant autrement que par transposition de valeurs non pas adéquates, mais analogues à la réalité? L'heure, le nuage, la lumière, l'atmosphère changent perpétuellement, en modifiant la couleur, l'effet et même les formes, c'est-à-dire l'image à peindre. Il faut donc prendre un parti quand on met la main au pinceau, adopter une fois pour toutes une heure, une couleur, un effet déterminé, et n'en plus démordre : vous atteindrez peut-être ce résultat en brossant rapidement une surface aisée à couvrir en soixante minutes, mais un énorme chassis sur lequel vous resterez un mois ! Allons donc, dessein irréalisable ! ou vous procéderez comme Gribouille !

Connais-tu l'histoire de Gribouille, mon vieux Jacques ? Son maître lui avait dit : Pour devenir un grand paysagiste, il n'y a pas deux recettes : Prends ta boîte, plante-toi devant n'importe quoi, et reproduis ce n'importe quoi trait pour trait. « — Je comprends, répondit Gribouille », et il s'assit devant trois pommiers sur un fond de ciel.

Gribouille commence donc par le ciel, pour lors d'une pureté sans tache ; en avant le cobalt, le badigeonnage au cœruleum ; vient un petit nuage du bout de l'horizon, un de ces petits nuages timides, pareils à un souffle de vierge en prière ; vite, du vert, du cobalt et de la laqu. une pointe de strontiane, le nuage est fait.

Mais le nuage monte, s'enfle, se fait ballon : notre homme balonne sur sa toile à grands coups de truelle.

Le soleil disparaît, Gribouille éteint le vert des pommiers et des premiers plans ; maintenant tout est gris, voilà la pluie chassant de l'Ouest ; alerte, s'écrie Gribouille, des traînées de gauche à droite ! Je t'en souhaite, le vent change, l'ondée chasse de l'Est, alors les traînées de droite à gauche remplacent les traînées de gauche à droite, et le grand Gribouille, qui a toujours fait ce qu'il a vu, rapporte à son professeur la chose la plus incohérente et la plus odieuse. S'il se fût contenté de son effet initial de la première demi-heure, il eût eu quelque chance de réussir.

Ne nous gaussons donc pas, des rapins jadis chevelus s'en te.. ant aux pochades, et des minutistes en quête de l'impression du moment. Le tort de ces jeunes gens, c'est, une fois revenus au logis, de prendre leur impression pour une œuvre d'art complète et d'exposer aux yeux du public leur portefeuille de notes.

Sans atteindre à la hauteur de Gribouille, les partisans du grand tableau sur nature sont à chaque instant contraints de travailler de souvenir. Je suspecte donc de plus en plus leurs prétentions à la sincérité souveraine. J'en ai vu blairottant vers midi un coin de chaumière dans l'ombre, alors que le soleil, en évoluant, avait modifié l'effet du matin, changé la lumière bout à bout, et répandu sur le mur en question les blancs les les plus éclatants.

Interroge les gens du métier. Si le soleil donne, vous ne traiterez pas la même toile plus de deux heures consécutives sans détruire votre travail et sans exécuter de mémoire. Ainsi, avec une grande surface, vous êtes condamnés à ne pas finir. Cette vaste machine commencée en plein air, vous y retoucherez fatalement chez vous. Autant vaut la faire petite et complète, sauf à l'agrandir dans le silence du cabinet.

Vous vous replacerez alors, par la vigueur de la mémoire, dans les conditions psychologiques et même physiologiques où vous vous trouviez, le jour de votre travail initial : sans doute si vous restez froid, vous ferez œuvre maigre, mais bon sang ! fouettez-vous l'imagination, le talent consiste à se suggestionner fortement. Le grand acteur, le grand orateur se suggestionnent en dehors des événements qu'ils évoquent, et quant au peintre, rentrant dans sa coquille, dégagé des distractions causées en plein air par la multiplicité des incidences, des détails matériels, des épisodes de la vision, n'enfantera-t-il pas une création plus haute à l'aide d'un concept plus large et plus personnel, de façon à faire honneur à la belle pensée de François Bacon : « L'art est l'homme ajouté ou s'ajoutant à la nature. »

Je voudrais, mon ami, te sortir encore de mon sac une demi-douzaine d'arguments dont je sens la puissance chatouiller ma plume ; j'y renonce ; François est là derrière à m'injurier en lisant par-dessus mon épaule ; mon café refroidit ! Je conclus donc à la hâte.

Conformément à ses principes, ton serviteur emploiera de petites toiles sur lesquelles il tâchera de peindre grand comme les Flamands ; quant à François, il cultive les dimensions intermédiaires et s'adonne aux dimensions 20, 25 : après tout, il a peut-être raison. *In medio veritas.* Diderot disait vrai, quand il écrivait dans son Salon de 1767 : « Se jeter dans les extrêmes, voilà la règle du poëte ; garder en tout un juste milieu, voilà la règle du bonheur. »

François sera-t-il heureux ? J'en doute, car, au rebours de la plupart, il a la manie de trouver mauvais ce qui sort de lui, excellent ce qui vient des autres. J'ai déjà sauvé du suicide trois ou quatre couchers de soleil, autant de levers de lune, et il parle déjà de m'élever une statue avec ces simples mots : « Au terre-neuve de la peinture, ses amis affligés et mécontents ! »

Primel, 10 septembre.

Il est temps, mon Jacques, de te présenter les convives de notre table d'hôte. Deux clans distincts y dégustent les maîtres-plats du père Guesler, lequel cumule la double qualité de propriétaire et de chef de cuisine. Tu serais ici comme un coq en pâte ; on mange ferme, bon et pas cher ; un vrai pays de cocagne..... Mais j'arrive aux clans : à gauche, la Russie ; à droite, la France.

Du côté France, Mme de Gildacques la maman, cinquante ans, bien en chair, un peu trop de toilette et de bijoux, des prétentions ; à sa dextre, sa fille et son gendre, M. Jules Queval, auteur de petits bouquins sceptiques sur le Monde parlementaire : on se les passe de chambre en chambre avec des airs académiques ; monsieur, quant à lui, grand chasseur de mouettes, grand pêcheur de crevettes, grand photographe, donne des conseils aux peintres qui n'en demandent pas. Sa sœur l'accompagne ; vieille fille pas commode, laide comme le péché, barbe de candidat sapeur. Ensuite Mme Aubourg, ancienne marchande de modes, soixante ans, peu distinguée, mais beaucoup de bon sens et de gaieté, bavarde, aimable, pas gênée, excellent appétit, lave *en catimini* ses guimpes sales dans sa cuvette pour soulager la note de la blanchisseuse, et cancanne à la cuisine avant d'aller à la plage.

Toujours du côté France : Mlle Marie Seguin, trente-cinq ans, institutrice libre, personnage énigmatique, tenue convenable, effets de croupe, un peu libre-penseuse, conversation panachée, à la fois très ferrée sur le siècle de Louis XIV et les beuglants de Paris, vient de manquer un mariage et parle volontiers de celui qu'elle convoite.

M. le docteur Cross, sa femme et sa fille, gens comme il faut et simples ; rien à dire, tenue parfaite.

Un Chef de bureau au Ministère de la Guerre avec femme, enfants, nièces, neveux et fiancés, bons bourgeois communicatifs, saluant à tout bout de champ ; la fille aînée peint. Chaque matin elle part pour la pointe avec une grande toile représentant un rocher ; le fiancé porte le tableau, la boîte, le pliant, le parasol et les chiffons ; un peu plus il porterait la demoiselle, mais le rocher ne marche guère. Tous les soirs, nous le retrouvons au même point : espérons que leurs petites affaires personnelles avancent mieux.

Je passe les comparses et j'arrive au clan russe. En face de moi, Mᵐᵉ Malher, juive brune, très agréable, escortée de ses deux enfants : un grand garçon courant les pieds nus, et une farouche bébé en boule, sujette aux indigestions de homard. Mᵐᵉ Malher a épousé un professeur de Paris. Le mari est absent ; la femme attend toujours anxieusement des lettres chargées.

Mᵐᵉ Stolikoff vient après. C'est une adorable jeune femme dont nous cherchons l'âge ; gracieuse, fine, des yeux verts profonds, changeants, troublants, une tête admirablement coiffée de rien sur un cou libre, que n'encarcanne jamais un de ces horribles cols droits chers aux élégantes françaises. Toujours parée d'écharpes multicolores, Mᵐᵉ Stolikoff passe vite comme une apparition ; au repos, elle parle à la fois des lèvres, du regard et du geste ; toute sa personne semble alors prêter main-forte à sa pensée, pour exprimer avec intensité. Comme M⁰⁰ Malher, elle use d'un français irréprochable, sans le moindre accent; elle sait tout et elle le dit bien, elle a l'art de saisir la conversation sur une banalité, et d'un mot, elle la porte sur une cime. A ses côtés, la jolie blonde de dix ans qui est sa fille, lui sert de page ou mieux de porte-respect, et de l'ensemble du couple, il se dégage un parfum suffisant d'honnêteté. Sans l'enfant, on resterait perplexe : aussi bien M⁰⁰ Stolikoff est mariée ; le mari est absent.

Dans ce clan russe, les hommes sont peu intéressants, au moins chez nous. M. Lhomond, de Saint-Pétersbourg, d'origine française, est paraît-il, un poète éminent dans la jeune école. C'est bien le personnage le plus désagréable, le plus suffisant, le plus poseur de la plage. Sur sa demande, on l'a relégué à part, dans la salle à manger, en compagnie de ses deux femmes, car il en a deux à lui tout seul. Ce gringalet, d'un roux fadasse, tient compte de son « moi » et se moque du reste. Au repas, au lieu de causer avec ses odalisques, il dépouille sa correspondance et lit ses lettres à haute voix, en couvrant, sans la moindre pudeur, les conversations de la grande table. Son trombone insolent étouffe jusqu'à la flûte aiguë de la mère Aubourg. Outrée d'un pareil sans-gêne, la marchande de modes a donc acheté le *Nouvelliste de Brest* et, pendant le déjeuner, renonçant au turbot et au filet, elle a claironné au Lhomond, d'un ton de sous-préfet présidant un comice agricole, toute la sixième page du journal, sans négliger les décès et sans omettre les ventes mobilières ; tout autre que le prétentieux barde eut été médusé : lui, du haut de son Olympe, n'y a rien compris, et ses femmes non plus.

Un autre Russe, silencieux celui-là et funèbre comme un catafalque, c'est M. Oustrokoff, artiste peintre, pauvre diable panné, fermé avec nous, ignorant le français et ne fréquentant guère que ses compatriotes. Dieu sait s'ils pullulent sur les côtes bretonnes : à Locquirec, ils sont quatre-vingts ; à Trégastel-Primel, soixante, répartis dans les hôtels et les villas où ils chantent, dansent, baragouinent et ahurissent les indigènes.

Le chef reconnu de la colonie est un certain M. Lamotte, de Moscou, dont le nom indique suffisamment l'origine française comme le Lhomond. Lamotte joue ici le rôle de bout-en-train diurne et nocturne. Peintre d'un réel talent, bohème, musicien, braillard, barbu, débraillé, bon garçon, marié, papa, Lamotte mène tout, de sa petite maison du pied de la côte. Depuis deux mois qu'il est ici, il a fait plus de chemin dans le cœur de la population que n'importe quel prédicateur anglican ; c'est tant pis pour ses ouailles ! Il tutoie tous les gars, fait la risette à toutes les filles, distribue du sucre d'orge à tous les marmots, organise des feux de joie sur la plage, des soirées musicales au grand hôtel, des parties en mer, des tennis, et conspire à vide comme ses congénères.

Car tous ces Russès-là, ne t'y trompe pas, mon Jacques, sont de parfaits nihilistes ; ils s'en vantent et corrompent de leurs théories malsaines les braves Bretons assez niais pour les écouter. Beaucoup sont exilés de Russie ; les maris absents de ces femmes charmantes, de Mme Stolikoff entre autres, sont traqués, dit-on, en Suisse, par la police internationale. Et voici comment, à Primel, on compte tant de jupes contre si peu de vestons ; cette invasion de familles anarchistes dans le Finistère est à ce point anormale qu'un journal de Brest avait, avant-hier, sur ce sujet, un article de fond assez vif ; on l'aurait cru rédigé dans notre hôtel. Pourquoi la tribu s'est-elle agglomérée là pour l'été ? Veut-elle échapper à l'œil des détectives ? Recherche-t-elle la vie à bon marché, vu l'exiguïté de ses ressources ? Est-ce tout simplement amour de la nature ? Nous avons beau, François et moi, l'étudier d'assez près, nous ne résolvons pas le problème. La caractéristique de leur attitude consiste dans la proclamation ouverte de leurs espérances révolutionnaires, de leur haine violente du Czar, de leur désir ardent de chambardement universel. Pour exprimer ces horreurs, Mmes Malher et Mme Stolikoff ont une éloquence intarissable, des traits, des élans, des gestes inspirés et sanguinaires à la fois. A table, en promenade, elles reviennent sans cesse aux mêmes fins, elles prennent alors des airs de visionnaires. Dans le vague, leur regard se perd ; elles se délectent sur place de la possession idéale d'une politique obtenue à coups de bombes et de coups de poignard, car pour ces aimables baigneuses aux lèvres roses, l'assassinat n'est pas de droit, il est de devoir. Ce sont, mon pauvre Jacques, des êtres bien dangereux et qui dépassent, je te l'assure, le niveau des héroïnes de Daudet, dans *Tartarin sur les Alpes !* Sonia paraît une poule mouillée à côté de Mᵐᵉ Stolikoff.

Tu peux cependant te tranquilliser, cher ami, sur l'état de nos sentiments intimes. Aucune de ces sirènes moscovites ne réussira à nous enjôler. Nous avons passé, tu le sais, François et moi, l'âge des aventures, mais eussions-nous vingt ans, qu'en face de ce monde bizarre, déséquilibré, et par certains côtés infiniment séduisant, nous garderions l'imperturbable réserve normande pratiquée par nos pères avant nous. Dors donc sur les deux oreilles ; tu nous trouveras au retour Gros-Jean comme devant.

Primel, 14 septembre.

Nous bûchons, mon cher ami, nous bûchons ferme. Étude du matin, étude du soir, une chaleur à faire craquer le fond de nos boîtes et un parasol pour deux ! on appelle ça des vacances ! Tu vois d'ici nos trognes vermillonnées par les coups de soleil. Impossible de dénicher des gamins pour porter le baluchon ; nous déambulons, chargés comme des colporteurs. Heureusement, nous n'allons pas loin. Autour de nous, dans un rayon de deux kilomètres, nous avons de quoi choisir, et nous ne sortons guère de la même zone fréquentée à des heures matutinales ou crépusculaires. Si tu nous fais la surprise (entre nous, je n'y compte pas) de venir nous rejoindre ici sans t'annoncer, tu nous rencontreras dans la baie de Diben, sur le bord de l'eau ; fond de côtes basses, cernées par les entreprises de la mer, premiers plans de roches convulsées dans le varech, charmantes barques au nez vert ou rouge, aux voiles multicolores, tantôt prenant leur vol vers la passe; tantôt endormies sur leur ancre. C'est joli et reposant sans grand appareil dramatique, le tout admirablement enveloppé dans une atmosphère tellement lumineuse qu'on en est aveuglé. Jamais nous n'avons eu une Bretagne si bleue, si rose, si vibrante et si papillonnante.

J'ose dire que ce cher pays vu ainsi, par des temps limpides et photogènes, perd singulièrement en caractère ce qu'il gagne en couleur ; nous ne nous en plaignons pas, mais la vision n'en est pas moins anormale. Elle jure un peu avec la substance du sol et la simplification des formes. La Normandie, avec ses verdures, ses bocages, ses collines dévalant à des rivières ensaulées, peut être envisagée en toute saison ; au contraire, la Bretagne est construite sur des lignes sévères, elle se silhouettise par des horizons rigides. Le gris semble la parure convenable de ces espaces dénudés, de ces maisons mastoques, trouées de petites fenêtres. Par instinct de l'harmonie sans doute, les habitants se vêtissent de deuil, l'éternel noir de la jupe ou de la veste, l'éternel blanc de la coiffe. Ce costume va bien avec l'esprit du sol, mais mal avec la couleur du temps. Tu as probablement brûlé mes lettres de Trégastel-Ploumanach d'il y a six ans : un mois dans le vent et la pluie, sous des nuages déchirés par le surouest. C'est ça qui vous avait un accent ! Troïero et Logoden, ces deux longs vallons conduisant à la digue de Ploumanach, noyés dans l'ambiance d'un jour blafard. Quelle mélancolie, quel frisson, quelle beauté !

Cette année, le soleil rit dès qu'il est levé, il fait rire tout ce qu'il touche : vers six heures du soir, il plaque sur les pignons des moindres chaumières des clartés insolentes de cadmium réchauffé de rouge, en donnant ainsi de l'éloquence aux éléments les moins loquaces du site. Il décompose la couleur locale de chaque objet, il en dénature la teinte propre, ce grand faiseur de mensonges ! Il zèbre le sol de longues traînées violettes, dès qu'il se heurte au moindre relief : il se cramponne aux angles en les marquant d'une griffe brutale ; enfin cet azur qui tombe du zénith en inondation, imprègne si fortement l'épiderme des flots transparents, que la mer d'émeraude devient mer de cobalt : l'Océan se déguise en Méditerranée.

Excuse-nous donc, mon ami, si nous te rapportons des études orientales avec des pins en guise de palmiers. Tantôt, près de l'ancien parc aux huîtres (aujourd'hui des ruines), la baie s'emplissait d'indigo pur, un indigo noir sur lequel, comme un orchestre de trompettes, éclataient les sonorités du môle rouge-clair, de la petite jetée blanche, crème et jaune, avec des gris de pierre et des verts-tendres de lichens, d'une finesse si délicate que c'était à en jeter sa brosse aux crabes. Dans ces moments-là, il est délicieux de s'arrêter, de s'éponger, de regarder, et, au lieu de cuisiner sa petite marmelade, d'allumer une bonne pipette, la pipette du père Corot, si l'on peut, bien qu'elle ne soit pas à la portée de toutes les fortunes artistiques, hélas !

Après ces expéditions, nous rentrons cuits à l'hôtel, et alors, il faut se changer, comme on dit, pour se mettre à table. Ce n'est pas amusant, mon cher bon ! Sans les beaux yeux de nos Russes, je garderais volontiers ma veste huileuse, ma culotte usée aux genoux à force de frotter les taches à l'essence.

François, qui cache ses cheveux blancs, tient essentiellement à la correction. Donc, bichonnons-nous, mon pauv' Jacques, et courrons jouer les jolis cœurs en face de la mère Aubourg et de M⁰ Seguin.

Ces dames ont été aujourd'hui en excursion à Loquirec, elles sont revenues dans un état lamentable de chaleur et de fatigue. La marchande de modes surtout n'en peut mais, elle peste contre les plages où ne poussent pas les arbres. Elle ne comprend pas comment, nous peintres, nous venons nous installer dans un coin de landes et de rochers ! Nous essayons de lui exprimer en quoi la stérilité peut séduire l'œil d'un artiste à la recherche du caractère ; elle en revient toujours à ses fins : Le paysage, c'est la végétation. La mer est bien, mais c'est trop nu. L'hiver, il n'y a pas de feuilles aux branches, donc l'hiver est laid ; le printemps ne vaut que par les petites pousses vertes des lilas, et les marguerites dans les gazons ! Tu ne la sortirais pas de là, ce en quoi d'ailleurs, la mère Aubourg ressemble à quantité de petites bourgeoises de tous les temps. Nous l'engageons à lire *Un Eté dans le Sahara*, de Fromentin, elle nous répond par la description du bois de Boulogne, car

Mme Aubourg habite Paris. Après quoi elle se retire agréablement railleuse, et suspectant *in petto* notre esthétique.

Fatigué de jour, ivre de soleil, je prends comme elle la route de ma chambre. François m'en empêche, il paraît qu'il faut voir à la grève Phœbé sortant de la rivière de Lannion ; va pour Phœbé, puisque nous tournons au Lamartine !

Excuse-moi, mon ami, de te priver d'une description bien sentie ; ma romance est mort-née, et ma muse a sommeil. François jure de joie, il discute la dose de vermillon à introduire dans ses gris-bleus pour atteindre la vérité du ton du ciel, et il gâte le paysage en le passant au crible de l'analyse. L'hôtel Jean-Pierre est éclairé *a giorno*, les fenêtres sont ouvertes ; il y a des Russes accoudées au balcon. C'est un spectacle de toute beauté !

> Oh ! temps, suspends ton vol,
> Et vous, heures propices, arrêtez votre cours .

Nous apercevons, dans le salon, le futur gendre du Chef de bureau de la Guerre, jouant de la flûte, derrière sa fiancée au piano. Le bon jeune homme ainsi épié du dehors, et flûtant de tout son cœur est, à sa manière, aussi intéressant que la lune. Je n'ai d'yeux que pour lui. Il exécute le grand air de la *Fille du Régiment* ; il s'applique beaucoup, tantôt il part devant, tantôt il reste en arrière ; la demoiselle le rattrape au vol et il transpire. Rétif à la mesure, il marque le rythme à l'aide de balancements du corps, rappelant de loin les

28

attitudes de l'ours de Berne. La famille écoute en tournant les pouces. Elle applaudit de préférence les notes
élevées. Je ne veux pas me gâter l'impression de ce joli
tableau d'intérieur en contemplant autre chose et je
vais décidément me coucher, désertant François de plus
en plus perdu dans les nuages. Bonsoir.

Primel, 16 septembre.

Aujourd'hui dimanche, mon cher Jacques, nous
avons mis les bouchées doubles, et ce soir, nous sommes éreintés. Primel ne possédant ni chapelle, ni
église, nous avons dû aller entendre la messe à Plougasnou. On nous avait parlé d'une messe basse dite à
huit heures. Nous partions donc d'ici à sept pour avaler,
sans nous presser, quatre petits kilomètres. En escala-
dant la côte par des sentiers pierreux et en traversant
le jardin du sémaphore, on gagne encore cinq minutes :
c'est tout profit, puisque la route est jolie, sans parler
de la vue grandiose du sommet. Avec de bons yeux, on
devine, à droite, les Sept-Iles, et presque le sémaphore
de Ploumanach ; à gauche, par-dessus Diben, on
découvre facilement le Creizker et les deux flèches de
Saint-Pol-de-Léon.

De là jusqu'à Plougasnou, on zigzague moitié par
des chemins perdus, moitié par des passages de fermes ;
pas de danger de se perdre, il n'y a qu'à suivre les
poteaux du télégraphe.

A Plougasnou dont le clocher s'aperçoit de loin, surprise peu agréable : la messe de huit heures est sup-

primée et la grand'messe commence à dix. Comment employer notre temps jusque-là. Nous commençons par acheter des cartes postales. Tu sais que ta filleule germaine commence un album; Yvonne a déjà une collection. Il fallait aussi envoyer des images à Charles et à Raymond; nous nous sommes donc ruinés en timbres. Après quoi, nous descendîmes à Saint-Jean-du-Doigt par des raccourcis.

En passant, je montre à François, qui ne le connaît pas, ce curieux petit temple popularisé par la photographie, sur l'origine duquel discutent encore les archéologues bretons. Les bonnes gens d'ici appellent ce charmant édicule : l'Oratoire. Il renferme, en effet, une statue de saint, absolument impossible à identifier, et surmontant un autel primitif. Les catholiques bretons y viennent prier et les filles du pays s'y coupent les cheveux pour se marier dans l'année. A-t-il été bâti pour servir à ce dernier usage ? c'est peu probable. M. Palustre ne nous tire guère d'embarras en écrivant que la chose ressemble à un tombeau lycien. N'ayant jamais mis les pieds en Asie-Mineure, je me récuse. Ça vous a, en effet, un air étrange d'art grec croisé d'art persan ou indien, et comme le monument est construit en granit, les lourdes sculptures des colonnes, sans cesse fouettées par la pluie et tachées de lèpres de lichen ont un aspect millénaire qui donne à penser. Tu sais, mon pauvre vieux, quels tristes érudits nous sommes, François et moi : notre ignorance te confond, tu me l'as dit cent fois dans un langage outrecuidant; nous n'y pouvons rien. D'aucuns affirment que nous

sommes simplement en face d'une œuvre de la Renaissance. Sous Louis XII, il a dû passer par ici une série
d'artistes italiens. L'élégance et l'harmonie des propor-
tions de l'oratoire donnent au moins raison à cette
attribution.

Deux cents mètres au-delà, on aperçoit Saint-Jean-
du-Doigt où l'on descend par un raidillon à pic. Rien ne
rappelle plus la Normandie, rien n'est moins breton que
cet aimable vallon de Traoun-Meriadeck, plein de verdures et de sources, paysage sans caractère, mais bien
agréable oasis par vingt-huit degrés de chaleur à l'ombre.
L'intérêt du lieu se concentre autour de l'église précédée
d'un petit cimetière où il est rare de ne pas rencontrer
des kyrielles de photographes et d'aquarellistes. Bien
entendu, ici comme à Primel, comme à Plougasnou,
comme à Loquirec, les Russes foisonnent. L'hôtel Saint-
Jean qui fut fondé par Anne de Bretagne, lors de son
pèlerinage de 1506, abrite surtout, en 1906, des Moscovites, d'un genre artiste douteux. Au surplus, tout est
sujet, par ici, pour quiconque dessine et peinturlure ;
les tombes d'abord, couvertes de grandes dalles noires
vieilles comme le monde ; le château d'eau Renaissance, merveille de grâce et de finesse, suffisamment
conservé pour être compris, suffisamment délabré pour
rester pittoresque : trois vasques superposées soute-
nues par une colonne centrale dont la base plonge dans
un vaste réservoir en forme de coupe, la coupe elle-
même reposant sur un socle et déversant dans une auge
ses eaux de cristal par des gueules de lion d'aspect
héraldique. Le trop-plein du bassin supérieur s'écoule

dans les bassins inférieurs par un cordon de têtes d'anges, et sur le haut de la colonne centrale, le Père Eternel, à genoux et les bras étendus, se penche pour considérer au-dessous de lui Jésus, son fils, recevant le baptême des mains de saint Jean. Ces figures principales et les têtes d'anges versant des filets d'eau aux trois étages, sont en plomb ; la masse est en granit sculpté.

A l'autre bout du cimetière, la chapelle funéraire à jour, abritée sous un énorme toit de tuiles, se dresse trapue, sur des piliers bas analogues aux piliers de l'oratoire de Plougasnou, et comme cet ossuaire fut bâti en 1577, on doit supposer que l'oratoire a dû sortir des mêmes mains. L'architecture en est curieuse ; pour l'œil du peintre, le ton passé des tuiles, la couleur sombre et vénérable du granit sculpté de dessins sommaires ont un ragoût supérieur où l'aquarelliste trouve son compte.

Nous sommes entrés dans l'église, dont mon insuffisance me défend de te parler ; je commettrais sûrement des impairs ; nous n'avons pas eu le temps de visiter le trésor, plein, dit-on, de curiosités de premier ordre et de bijoux offerts par la reine Anne. C'est là que se conserve, enfermé dans un étui d'or du XVᵉ siècle, le doigt de saint Jean-Baptiste, d'où le nom du lieu.

Cette précieuse relique n'est pas arrivée là sans incidents.

Après la décollation du Précurseur, son corps décapité fut enlevé par ses disciples et enterré à Sébaste, en Cappadoce ; puis, Julien l'apostat fit exhumer et brûler ses restes ; quelques ossements seulement furent sauvés par les chrétiens, entre autres l'index de la main droite. Sainte Tède dont les hagiographes ont raconté la vie, le conserva pieusement, l'apporta en Occident, et détail intéressant pour un Bas-Normand comme toi, en fit don à une petite commune des environs de Saint-Lô, nommée Daye. Au temps de Jeanne-d'Arc, un gars de Plougasnou, dont le nom est resté inconnu et qui s'était loué comme homme d'armes pendant la guerre de Cent Ans, s'en vint ainsi que beaucoup d'autres Bretons, guerroyer en Normandie pour chasser l'Anglais. Son congé fini, il ravit le doigt de saint Jean dans le sanctuaire de Daye et l'apporta en Armor où il est maintenant. Sans l'exploit de ce Trégorrois, Daye s'appelerait donc aujourd'hui Saint-Jean-du-Doigt. A quoi tiennent les destinées des reliques et des villages ! et comme les Dayois ou Daïens d'alors eussent prouvé leur perspicacité en gardant plus jalousement les portes de leur église !

A mon retour, je te ferai lire, de force ou de gré, dans *le Pays des Pardons*, d'Anatole Le Braz, le récit détaillé, fort littéraire, fort dramatique de ce miraculeux exode. Tu y apprendras en même temps comment, le 24 juin, se célébre ici, en l'honneur de saint Jean, la fête la plus populaire de toute la contrée. Il y a encore cinquante ans, la cérémonie du Tandad était le grand jour de la Bretagne ; on s'y transportait par caravanes des quatre points cardinaux. Elle reste, en 1900, malgré l'invasion des touristes sceptiques, l'évolution des idées et des croyances, un rendez-vous de piété et d'allégresse naïve, le pardon des pardons, le pèlerinage incomparable, rendez-vous de mendiants, de paralytiques, d'aveugles, de quêteurs de pain et de fidèles de tout âge et de toute condition, jaloux d'apporter une prière ou un vœu, un acte de reconnaissance aux pieds de cet autel privilégié, où ils retrouvent en même temps le culte de leurs aïeux.

A ces manifestations conformes à leurs traditions religieuses, se mêle ici l'amour violent des Bretons pour l'éclat des bûchers d'ajoncs allumés la nuit sur les hauteurs, torches colossales incendiant l'obscurité étoilée des grands espaces. Il faut les entendre ces foules, le 24 juin, vociférer comme un seul homme : « an tan ! an tan ! » (le feu, le feu), alors que l'immense brasier dressé sur la côte, s'embrase en crépitant ; quelle joie, quelle exubérance de mots et de gestes, et comme il était facile, aux lendemains de pareils jours, d'écrire des pages plus pittoresques que justes, dans le but de travestir ces races de grands enfants en sacrificateurs d'un culte païen, en adorateurs du soleil et du feu qui en est l'image.

En fait de soleil, nous trouvons François et moi, que l'astre du jour abuse un peu de sa toute-puissance pendant notre retour vers Plougasnou, dont les cloches nous appellent.

A l'intérieur de l'église, la fraîcheur, l'ombre, un délice ! L'édifice est plein de coiffes blanches, de châles noirs ; les hommes, moins nombreux, n'ont pas de costume..... On ne sait où s'asseoir. Sur les murs sont enfermées, dans d'énormes étuis de chêne, les fameuses bannières si vieilles, si difficiles à porter par le vent, qui figurent au pardon du Tandad. Il est de règle, ce jour-là, que la procession de Saint-Jean-du-Doigt vienne au devant de celle de Plougasnou, et quand le contact a lieu, non loin de l'Oratoire, les bannières s'inclinent des deux côtés comme pour se saluer. Le reste du temps, elles dorment dans l'église où elles échappent à nos regards.

Pour le moment, d'ailleurs, nos oreilles surtout sont ouvertes ; le curé prêche en breton, puis en français.

Au prône, non seulement il recommande de prier en bloc à l'intention des trépassés, mais il énumère un à un tous les défunts ; la nomenclature dure une bonne demi-heure. Pour des étrangers, l'exercice manque de charme. Pour les indigènes, il est logique ; il rentre dans les habitudes du culte et du respect des aïeux. Il rappelle chaque dimanche, aux jeunes, de quelle souche ils sont sortis, à supposer qu'ils l'oublient. Pendant les quêtes, une jolie Bretonne fort cossue, vêtue de clair et ornée de la coiffe de cérémonie avec pendentifs de dentelle, passe lentement dans les rangs : on lui remet des sous, des bouquets, des rubans, des gerbes d'avoine pour honorer quelque saint du pays : ainsi chargée de fleurs et de banderolles, elle est charmante sans coquetterie et jusqu'à la fin, elle garde une allure sereine et comme hiératique, exempte de toute parade ou afféterie, au rebours de certaines quêteuses de chez nous. Après la bénédiction, le chœur entonne un *Ave Maria*, où nous retrouvons, presque note pour note, la mélodie charmante recueillie par Bourgault-

Ducoudray dans son cahier de chants bretons. L'église se vide aussitôt après, sur la place maladroitement disposée en jardin anglais, et notre duo accentue le pas vers Primel, car le déjeuner nous attend.

Au sémaphore, nous rencontrons les premières brumes de mer, le temps change tout à coup : de la pleine lumière crue, nous tombons dans des nuages opaques ; il est midi : jusqu'au soir nous vivrons dans une ouate humide.

Notre après-midi s'est donc passée à baguenauder dans la baie, comme des collégiens. Par moments, à travers une éclaircie, nous découvrons Diben et ses barques de pêche immobiles sur des flots figés : par je ne sais quel effet de mirage elles paraissaient agrandies, et leur pesante voilure tombant tout d'une pièce le long du mât, semblait un décor de féerie géante, rappelant les panneaux du peintre Rivière. A cinq heures, n'y tenant plus, nous courrons donc chercher nos boîtes, et vite, une pochade grise, brossée à la six-quatre-deux. Pour le coup, voilà de la peinture bretonne ; adieu le bleu, adieu Venise et l'orientalisme. En comparant notre étude d'aujourd'hui aux précédentes, tu nous accuseras d'avoir volé au Petit-Poucet les bottes de sept lieues. Brusquement, nous sommes montés du Sud au Nord ; le changement est si imprévu que nous hésitons à nous servir de la même palette.

Le soir, au dîner, grand branle-bas ! Nos Russes causent entre eux du meurtre de M. Muller par Tatiana Léontieff, une toquée comme les nôtres ; la malheureuse

a frappé notre compatriote, à Lausanne, croyant
s'adresser à M. Dournovo le tyran. Là-dessus, Mme Stolikoff se tournant gracieusement vers le clan français,
exprime ses regrets au nom de ses congénères.

« — Voilà à quoi on s'expose, s'écrie alors la mère
Aubourg, quand on tue à tort et à travers ! »

Ce coup de cravache imprévu fait bondir les Russes ;
pour la dixième fois, nous les entendons reprendre
l'apologie du meurtre dit politique. Ce soir, plus exci-
tées que d'habitude, elles exaltent leur haine, non
seulement contre leurs propres maîtres, mais contre
tous ceux, en France ou ailleurs, qui fournissent des
fonds au Gouvernement du czar. La mère Aubourg
retorque ferme. Elle a pas mal d'emprunt russe ; on
touche à son magot, ça lui va de moins en moins : elle
se dresse sur ses ergots. Mme Stolikoff, d'autre part, se
monte comme une soupe au lait.

« — Du reste, vos fonds français, vous êtes sûrs de
ne pas les revoir, quand nous serons aux affaires. —
Ce ne sera pas demain ! — Si, Madame, plus demain
que vous ne croyez ; nous sommes prêts. — Allons
donc, des fonds d'Etat ! l'Etat ne change pas ; si vous
êtes jamais l'Etat russe, ce que je ne souhaite pas,
vous serez bien forcés de nous rembourser ! — Non,
non, jamais. Vous fournissez vos sous à l'empereur
pour nous combattre, vous ne les reverrez pas. — Mais
c'est de la malhonnêté, ça, pas autre chose. — Non,
Madame, nous sommes la justice et la liberté. — Un
gouvernement de voleurs, alors ? — Voleurs vous-
mêmes ! »

Un peu plus, et l'on s'enverrait les carafes à la tête. La mère Aubourg est brave et rouge en proportion ; nous autres, très gênés, nous exprimons l'opinion que le débat sort des sujets de conversation de table d'hôte. Mme Stolikoff le nie. Ses yeux s'agrandissent, jettent des lueurs fauves. Elle est décidément bien jolie ; son beau bras sculptural sort de la manche ouverte au coude, pour conjurer, pour maudire. Très amusante à regarder... de loin, mon bon Jacques, mais c'est tout. La mère Aubourg finit par avaler son gigot de travers, et peu à peu le calme plat succède à la tempête. C'est toujours comme ça : quand on est parvenu à s'entendre, on ne sait plus que se dire. Les Russes sortent de table les premiers ; le clan français entoure la marchande de mode et la félicite de son énergie. « — Pourvu, s'exclame-t-elle, que ces gredins-là ne soient pas montés à ma chambre me fourrer une bombe entre mes draps ! J'ai envie de m'en aller ce soir. »

Nous essayons de l'apaiser avec un petit verre d'anisette ; puis, tout à fait remise, elle se fait apporter un jeu de cartes et nous tire notre horoscope. Dans ce rôle-là, elle aussi, elle est unique comme Mme Stolikoff. Nous allons dormir, mon brave Jacques, sur la promesse d'une fortune imminente, quoique contrariée par un persécuteur. Du côté du cœur, il paraît que nous serons non moins heureux ! François s'en lèche les barbes d'avance. Il est près de minuit ; je t'écris en bâillant, et j'entends déjà mon compagnon réaliser en rêve les pronostics avantageux de la tireuse de cartes. Quelle bonne folie de vacances, cher vieux, et encore une fois, que n'es-tu là pour la partager au lieu de broyer du noir dans ta bauge, entre ton chien et ta goutte !

Primel, 18 septembre.

La brume s'est évanouie et le vent du Nord-Ouest pousse de biais dans le ciel bleu de belles volutes bien roulées, dont les ventres se tachent de lumière. Nous avons laissé la baie et essayé de dresser le chevalet à l'extrême pointe du rocher de Primel, surmontant les noirs écueils de sa base. Vain espoir : à peine organisée, le vent renverse notre installation, nous devons mettre la toile par terre, nous recroqueviller sur l'herbe menue, et peindre du bout du manche, de haut en bas, en retenant le châssis avec le pied pour qu'il ne s'envole pas. Ça a été une véritable lutte. De temps en temps, à bout d'haleine, glacés par le souffle du Nord, nous emportons, comme nous pouvons l'attirail et nous courrons nous abriter derrière un bloc, où nous nous ressaisissons. Ce coin sauvage est merveilleux : selon Mlle Seguin, il fait penser au Dante ! — D'accord. — La mer, arrêtée par les gros éboulements de l'avant-garde, semble, par tous les moyens, vouloir se précipiter dans le gouffre ouvert à nos pieds : par moments, elle est prise d'accès de folie. Tantôt, rageuse et démente, elle réunit de front ses plus grosses vagues et les lance dans une charge désespérée ; tantôt, devenue traître, insidieuse, elle dirige ses troupes sur les flancs et pénètre au centre de la place par les couloirs : ces diversions inutiles éclatent alors par derrière comme des torpilles : l'eau est couleur d'émeraude lavée de lapis-lazuli ; tout ce qui se brise, se tord, bave et se heurte, s'enlève en traînées blanc crème dans la lumière, gris vert dans l'ombre ; des plaques de mousse d'écume, pareilles aux résidus savonneux d'une monstrueuse lessive, naviguent en radeaux floconneux dans les endroits abrités ; les îlots granitiques, bitumés à leur socle, ocre jaune rosée au sommet, se dorent du côté du soleil, se refroidissent d'autre part ; au ciel mauve, planent des goëlands. Dans tout ça, le bon monsieur peintre est contraint de sauver son épingle du jeu, de choisir le moment propice pour plaquer au bon endroit un tampon de blanc de zinc sur la crête d'un flot, pour modeler de nacre le flanc d'une lame mouvante, pour immobiliser sur sa toile ce monde mobile, en lui communiquant l'expression de la vie et du trouble. Comme c'est commode !

Mais ne t'y trompe pas, rien n'est précieux comme un pareil modèle, pour celui qui s'y attaque courageusement. Il force le peintre à aller vite, éminente vertu conduisant à opérer largement par plans homogènes, à saisir le sujet par ses grands côtés en négligeant des détails heureusement insaisissables, autre mérite. Neuf fois sur dix, on aura réalisé ainsi une œuvre sommaire, mais si confus que soit votre barbouillage, il aura de l'accent et de l'esprit ; je le préfère à la nature morte de la demoiselle très sage qui a eu le temps de s'appliquer dans l'atelier, devant un immuable pot de confitures, ou une imperturbable carafe, flanquée d'une orange coupée.

Autant le dîner de l'autre jour avait été agité, autant celui d'aujourd'hui est resté débonnaire. On s'est montré régence de part et d'autre. Au dessert, on cause cuisine et plats flatteurs. M. Cross, qui est gourmet, discute la valeur des sucreries et, dans un beau mouvement oratoire, s'écrie, les mains en l'air : « Vous avez beau dire, Messieurs, la confiture d'abricot reste encore la reine des confitures ! » Alors Mlle Queval, la vieille fille aux moustaches, regarde les convives d'un air offensé, et, s'adressant au docteur, le plus sérieusement du monde : « Monsieur, parlez pour vous ! »

De pareils entretiens, mon bon ami, affinent médiocrement les facultés intellectuelles ; ils ont au moins l'avantage de ne pas fatiguer la tête. Et puis un homme d'esprit n'a-t-il pas dit : « Dans la société, on ne parle que de ce qu'on effleure ; dans l'intimité, on ne parle guère que de ce qu'on approfondit. »

Ce soir, la colonie russe nous a régalé d'une fête bâtarde, mi-partie bretonne, mi-partie internationale, où l'on a entendu beaucoup de bruit et aligné pas mal de bêtises.

Lamotte avait fait dresser, sur l'esplanade de la plage, en face de l'hôtel Jean-Pierre, un monumental bûcher d'ajoncs, où, vers neuf heures du soir, en présence de tout Primel, Mme Lamotte porta la torche incendiaire. Cette petite graine de pétroleuse a bien le physique de l'emploi, elle semblait enchantée de détruire. Pensez donc ! Contribuer à l'éclat d'une répétition générale en attendant la grande représentation à laquelle elle se prépare! Du reste, le spectacle fut admirable; car tous les Russes du monde, toutes leurs sottises, leurs fausses allégresses, leurs plaisanteries pseudo-parisiennes, leurs falbalas de robes à la mode et d'écharpes claires, de berrés emplumés, de culottes courtes de bicyclettes, ne peuvent empêcher la nature bretonne d'être belle, grave et sainte, à l'heure où on lui laisse la place.

La fournaise éclairait la mer et inondait de reflets puissants les gens et les choses. Sur les murs de l'hôtel passaient de fantastiques ombres chinoises, des milliers d'étincelles s'envolaient en fusées dans la nuit d'un noir opaque, les flammes grandissaient, et leurs langues ardentes fouillaient le brasier qui s'ouvrait en deux comme le cratère d'un volcan en mal d'éruption. Là-dessus, les Russes se sont pris la main, jeunes, vieux, bourgeois, princes (ce qu'il y en a de princes par ici!), et une ronde enlaça la meule incandescente. Ces étrangers sont coquets de leur ressemblance avec les Français. Ils chantent à pleine gorge : *Il pleut bergère* et *Nous n'irons plus au bois... Entrez dans la danse, voyez comme on danse, embrassez qui vous voudrez...*

Ah! ce qu'ils s'en sont payés, mon pauvre Jacques! Ce qu'on s'est embrassé de fois ce présent soir, à Primel-Tregastel-en-Plougasnou! Espérons que cette pluie de baisers n'était que la manifestation innocente d'une joie puérile : entre gamins tout est permis; mais il y eut, j'en jurerais, dans la section des adultes, certaines accolades sentant deux fois le roussi.

Quand on eut bien dansé, on joua au jeu suivant, qui est une parodie de la coutume du pays : deux messieurs prennent une dame, ou deux dames un monsieur, l'enlèvent dans leurs bras et *le* ou *la* balancent neuf fois, le plus près possible du bûcher, de façon à faire crier grâce et merci au patient. Bien entendu, on s'embrasse au dixième temps ; tous les exercices de la plage aboutissent à celui-là, qui semble quelque peu monotone à l'auditoire indépendant. J'ai refusé, tu le devines, de me faire griller ; quant à François, il est plus vert que moi ; saisi par Mme Lamotte et Mme Stolikoff, il dut subir le supplice vers neuf heures et demie. Ce gueux de puritain n'a pas osé, par respect sans doute pour le souvenir de Mme François, déposer sur les joues de ses deux Moscovites le moindre gage de sympathie. Il s'est contenté de saluer. C'est très beau ! Le fait mérite d'être connu, tu le raconteras à nos familles pour les édifier.

Sur ce, Lamotte, avide de popularité, s'est ingéré de s'adresser aux indigènes présents à la fête, et, aidé de ses princesses devenues folâtres, il a fait passer les manants par les mêmes réjouissances et les mêmes rites anacréontiques. Jusqu'au cuisinier de l'hôtel que ces toqués sont allés dénicher chez Jean-Pierre pour le mener au feu, comme si celui de ses casseroles ne lui suffisait pas !

Vers dix heures, les vrais Bretons et les vraies Bretonnes nous ont dansé, à leur tour, une bourrée chantée en brezonnec, autrement sago, autrement distinguée et originale que la ronde des russes. Cet épisode couleur locale nous a ravis, et, du coup, nous nous sommes raccommodés avec Primel. Tout a fini par des feux de bengale ; fort tard dans la nuit, nous entendons, sous nos fenêtres, Lamotte brailler comme un sourd des mélopées françaises, mâtinées de breton et de tudesque. Cette race-là est décidément malade comme la nôtre, mon cher Jacques ! Est-ce pour cette raison que nous l'appelons la nation sœur ? Triste parenté !

Primel, 22 septembre.

Mon cher ami, je suis d'une humeur atroce. Figures-toi que les Russes nous vantaient fort, depuis jeudi, une promenade magnifique aux étangs de Boisseon, dans l'intérieur des terres du côté de Lanmeur. François a voulu voir Boisseon et nous avons perdu notre temps.

Le docteur Cross, organisateur de l'excursion, s'était réservé de nous choisir un char-à-bancs, mâtiné de dog-cart, conduit par un Breton à la mâchoire puissante, mais étranger aux délicatesses de la langue française. Nous étions sept, entassés dans le véhicule : la mère Aubourg, l'institutrice, M. et Mme Cross, François et moi. J'eus l'heur de m'asseoir sans devant derrière, et dos à dos avec la marchande de modes : nous nous sommes frottés ainsi réciproquement l'épine dorsale pendant six lieues. Dans les montées, la brave femme m'infligeait des renfoncements atroces, et elle riait comme une petite folle ! Je l'aurais tuée ! Le pays est nul. On cuisait : l'insti-

44

tutrice reprenait l'histoire de son premier mariage
manqué, François essayait de tirer un mot de Mlle Cross
qui est en zinc, et le cocher dormait. Boisseon gît dans
un fond ; la voiture nous laissa au plateau, et nous
dûmes gagner les étangs à travers un bois de chênes,
où nous tuâmes deux vipères. En bas, nous faillîmes
nous enliser dans un marécage, tout çà, pour les beaux
yeux d'un vieux moulin sans agrément et de soi-disant
bains romains dont les vaches maculent les dalles !

Dans la ferme (un ancien château renaissance), on
nous a montré de belles vasques en granit sculpté du
même temps. Ces vieux débris évoquaient l'antique
splendeur d'un domaine disparu : mais quelle cuisine,
mon ami ! une cathédrale ! et du pain bis exquis !

En repassant par Plougasnou, M. Cross dût rafraî-
chir le cocher dont les pourboires sont en nature. Il l'a
si bien abreuvé que, jusqu'à Primel, l'automédon péro-
rait à fil au lieu de veiller sur les écarts de Rossinante.
A six heures nous rentrons dans la brume. Fichu
temps, fichue promenade ! J'ai les reins en capilotade ;
les vertèbres de la mère Aubourg ont à ce point sym-
pathisé avec les miennes, qu'en me frictionnant ce soir,
je me demande qui je frotte. Quelle vie déréglée, mon
Jacques, et dire que François affirme s'être amusé !

Primel, 24 septembre.

J'ai passé ma journée seul, mon cher ami. Dans ces
moments-là, tu me manques, j'aime à taquiner ta dia-
lectique, et tu m'amuses quand tu te mets en colère,

parce que, sans t'en rendre compte, tu laisses aller de suaves énormités. Ces lettres doivent t'agacer, c'est toujours ça, mais à distance, je ne profite pas de tes accès, je le regrette.

Ce matin, à onze heures, François, qui décidément s'émancipe, s'est embarqué sur *les Trois-Frères*, en compagnie de vingt-deux passagers excursionnant à Roscoff. Le patron, étant à la fois maçon et fermier, s'est fait attendre longtemps, puis *les Trois-Frères* s'est enlisée, enfin, vers midi, le sloop dansait dans le goulet. Pour moi, murmurant le *Suave Mari Magno* de Lucrèce, en foulant délicieusement le plancher des vaches, je véhiculai mes vieux os vers Guersic par delà Diben. De ce haut lieu, à l'Ouest, on domine la baie de Morlaix, par-dessus un bois semé de bruyères et de blocs : un château abandonné, tombant en ruines et gardé par un vieux chouan ignorant le français, se cache dans cette solitude ; un peu plus bas, la pointe court au rivage par des landes stériles, rappelant singulièrement la *Terre antique* de Menard. Le propriétaire du castel est paraît-il capitaine de vaisseau ; il faut espérer que son bord est mieux tenu que son immeuble. Pour mon compte, j'aimerais assez à me tailler un atelier dans ces ruines, en gardant le chouan pour rapin. Il y aurait là, mon Jacques, six mois à travailler, à dessiner amoureusement des troncs de pins millénaires poussant dans les crevasses du granit et torturés par le vent d'hiver ; entre les membres estropiés de ces arbres vénérables, la mer étend son miroir lamé d'argent. C'est beau et simple, quoique l'horizon soit un peu haut. Nous sommes de la vieille école nous autres, ces vues plongeantes nous rendent perplexes. La mode, il est vrai, a changé ; les jeunes ne se font pas faute, aujourd'hui, de se percher sur un toit pour peindre les dessous, au risque de rappeler les caricatures du dessinateur Granville ; on oublie trop, ce me semble, le joli chapitre des « Menus propos », où Topffer distingue si judicieusement le beau de l'art du beau de la nature. Le panorama relève du beau de la nature et c'est tout. Le public lui-même ne se rend pas toujours compte de la différence, et les touristes, enthousiastes des larges aperçus, s'étonnent de voir l'artiste préférer une cabane enfumée aux immensités d'un site découvert. « La belle vue, disent-ils, comment ne prenez-vous pas ça ? » Nous ne sommes pas des photographes, mon Jacques, nous boudons la belle vue à l'heure de l'étude, et c'est alors que le passant nous traite d'esprits bizarres ou inconséquents.

Quoi qu'il en soit, en me reculant dans les terres pour donner de l'importance à mes premiers plans, je me suis assis en face du bois de pins, et j'ai pris la résolution de ne pas enjoliver mon modèle, de peindre naïvement, sans me laisser entraîner par la brosse ou par la main. La brosse ! mon Jacques, elle nous joue plus d'un tour. Selon qu'elle est poilue ou non, dure ou tendre, elle nous pousse à un rendu différent et, hélas ! à une expression souvent indépendante du sujet. Notre main aussi, notre habitude de poser la touche, de modeler dans la pâte ou sur le sec, de tapoter la toile comme ci ou comme ça, tout ce qui constitue le procédé, le coup de pinceau, le faire, l'habileté d'exécution, toutes ces ficelles, ces manies prises à l'atelier empêchent de peindre sincèrement, elles nous mènent à conduire le travail dans un style uniforme, souvent contraire à la vérité. Nous ressemblons alors à l'écrivain esclave des mots alors qu'il lui faudrait dominer son style, et, de même que les mots comme les verres obscurcissent tout ce qu'ils n'aident pas à mieux voir, de même l'adresse du peintre nuit à l'expression de son œuvre toutes les fois quelle ne s'adapte pas au motif traité. On devrait avoir une manière pour chaque tableau. Voilà comment tu préféreras l'œuvre d'un gamin maladroit sans professeur au disciple trop assidu d'un maître qui lui inculque un mécanisme dont il ne se départira jamais.

Pendant que je peine en cherchant à me tenir parole, passe le facteur rural. Le pauvre homme dessert la contrée, il arpente dix lieues chaque jour: il nous connaît bien pour nous voir dans tous les coins, et, chaque fois qu'il s'arrête près de nous, il ne manque pas de pousser un gros soupir en s'écriant : « Alors, vous turbinez toujours ! » Je n'ai pas évité aujourd'hui la phrase sacramentelle dont l'argot sonne mal en pays breton. J'ai donc turbiné jusqu'à sept heures et je suis rentré fatigué.

Après le diner, tous ceux de l'hôtel qui ne naviguaient pas sont allés au fond de l'anse attendre *les Trois-Frères*; la promenade a duré fort tard et l'on a tué le temps de son mieux. Mme Stolikoff s'extasiait sur la lueur du firmament, sur la voie lactée; elle improvisait de charmantes élucubrations sur la poésie des soirs, sur la paix de la nature et autres lieux communs, dont elle déguisait la banalité. Les phares resplendissaient, l'île de Batz, Triagoz, la Lande, l'île Louet, lançaient en tournant leurs éclats dans la poussière des étoiles. La jolie Russe en toilette blanche semblait la korrigane de cette poésie. Sur la route de Plougasnou, nous eûmes un bel effet de soleil couché, derrière une chaumière, insignifiante à midi, et merveilleusement jolie à l'heure où la forme des choses se résume en masses foncées sur la demi-clarté rose d'un ciel mourant. Une seule fenêtre de cette chaumière était éclairée : elle piquait le noir de sa façade d'une note rouge discrète. Nous causions gaiement. Tout à coup, Mme Stolikoff, devenue silencieuse, laissa entendre comme un sanglot. Nous la regardâmes étonnés. « Oui, dit-elle, je suis bien triste, je suis bien triste; dans cette chaumière-là, à deux pas, vit une jeune fille poitrinaire, le médecin l'a condamnée! »

Quelle femme incompréhensible ! Prête à incendier le palais du czar, à poignarder ses ministres, à faire sauter Saint-Petersbourg, à semer la mort à droite et à gauche, au risque de bombarder ses propres parents, l'insensée s'attendrissait de bonne foi devant l'avenir d'une inconnue. La pensée de son trépas prochain amenait des larmes dans ses yeux. Un peu plus et elle eut donné sa vie pour la sauver! T'expliques-tu une pareille psychologie? Cette Russe assassine, mais elle est honnête, elle ne volerait pas, elle ne tromperait pas M. Stolikoff, elle adore sa fille, elle ne commettrait pas de faux, elle no manquerait pas à la parole donnée, elle est scrupuleuse et, dans son genre, délicate! Comment concilier de telles contradictions! L'hospice des aliénés n'est-il pas la fin dernière de semblables anomalies?

Mais je reviens à mes moutons, je veux dire aux *Trois-Frères*, qui continuait à briller par son absence. Nous avions beau nous écarquiller les yeux, pas de bateau! Enfin, sur les onze heures, alors que la brume tombait sur la rade, nous entendîmes loin, très loin, le son d'une conque. Tout à coup, nous vîmes sortir de l'ombre, tout d'une pièce, le sloop espéré, ramenant sains et saufs les vingt-deux promeneurs : en deux paquets, on les mit à terre avec le petit canot, dont le falot rouge se reflétait dans l'eau en tire-bouchons sanglants.

A partir de cette minute-là, ce fut un déluge d'histoires et de récits, tout le monde parlait à la fois. Des calmes, des rafales, de la brume, des phophorescences, des bordées courues de récif en récif, des chants russes, des chants bretons! Ils avaient tout eu..., surtout mal au cœur. A minuit, le thé coulait à pleins bords à chaque étage de l'hôtel, et, dans l'escalier, on croisait des visages verts, jaunes, blafards, défaits. François tombait de sommeil, quoique très fier d'avoir tenu le gouvernail. Moi aussi, très fier d'être resté et d'avoir tenu ma canne.

Cette lettre, mon cher Jacques, est la dernière. Nous partons après-demain : ne nous écris plus. J'ai hâte de retrouver mes petits enfants qui valent à eux quatre toute la Russie et toute la Bretagne. En croisant ici les marmots trottant nu-pieds sur le sable, je ne cessais de penser à mes bien aimés du chemin des Vallons ! J'entendais leurs voix claires appeler grand-père ! La nature est bien aimée aussi, cher vieux, mais si attrayants que soient ces rivages, je repars content. Quelle joie quand ta filleule va se jeter dans mes bras.

François prétend que je ne me suis pas montré suffisamment gracieux avec les gens d'ici. Selon lui, je ne cause pas assez, je fais bande à part. C'est bien possible : on est ce qu'on peut.

Je vieillis et j'aime le monde à distance, de peur d'en médire en m'en approchant trop près. La sagesse défend la misanthropie, mais suggère la réserve. Aussi bien ce commerce d'un mois avec des passants, ces serments de mutuelle sympathie entre inconnus, ces poignées de main à vide, ces adresses données pour qu'on s'écrive, je m'en soucie comme du son d'une cloche fêlée !

Dans ce pays que je préfère, je voudrais la solitude... à plusieurs, à quelques-uns que je choisirais avant de partir, ceux de mon sang, d'abord, et aussi ceux de mon cœur. Vous en seriez tous deux, toi et François. Cette année, ne pouvant réaliser mon rêve et n'étant que le n° 17 de l'hôtel du Beau-Rivage, je rentre gaiement chez moi retrouver les miens et commenter le mot de La Bruyère :

« Etre avec les gens qu'on aime, cela suffit. Rêver, leur parler, ne leur parler point, penser à eux, penser à d'autres, mais auprès d'eux, tout est égal. »

J'y joins ce conseil de Joubert :

« Restez surtout aimable pour ceux avec qui vous vivez chez vous ! Il faut porter son velours en dedans. »

Je crois t'avoir au lendemain de mon arrivée en Bretagne servi dans une de mes lettres ce paradoxe équivoque :

« L'absence est une nécessité dans le commerce des cœurs. »

Oublie ça, mon Jacques, c'est une bêtise et une impiété. J'aurais dû ne pas oublier mes fables de La Fontaine :

L'absence est le plus grand des maux.